PyeongChang 2018

THE OLYMPIC GAMES THROUGH THE PHOTOGRAPHER'S LENS
LES JEUX OLYMPIQUES À TRAVERS L'OBJECTIF DU PHOTOGRAPHE

DAVID BURNETT, JASON EVANS, JOHN HUET, MINE KASAPOGLU PUHRER

© 2018 International Olympic Committee

First published in 2018 by GILES
An imprint of D Giles Limited
66 High Street
Lewes BN7 1XG, UK
www.gilesltd.com

ISBN (GILES trade paperback):
978-1-911282-38-9

All rights reserved

No part of the contents of this book may be reproduced, stored in a retrieval system, or transmitted in any form or by any means, electronic, mechanical, photocopying, recording, or otherwise, without the written permission of the Board of Trustees of the IOC, The Olympic Museum and D Giles Ltd.

For the International Olympic Committee:
Curated and edited at the Olympic Foundation for Culture and Heritage

For D Giles Limited:
Copy-edited and proofread
by Sarah Kane
Designed by Alfonso Iacurci
Produced by GILES, an imprint
of D Giles Limited
Printed and bound in Slovenia

Front cover:
John Huet
Snowboard, men's big air – training,
Redmond Gerard (USA).

Back cover:
Jason Evans
Opening Ceremony – parade of athletes, the flag-bearers of the united Korea delegation, Chung Gum Hwang and Yunjong Won.

Frontispiece:
John Huet
Cross-country skiing, 30km men's skiathlon – Martin Johnsrud Sundby (Norway) 2nd.

© 2018 Comité International Olympique

Première publication en 2018 par GILES
Édité chez D Giles Limited
66 High Street
Lewes BN7 1XG, UK
www.gilesltd.com

ISBN (livre de poche GILES) :
978-1-911282-38-9

Tous droits réservés

Aucune partie du contenu de cet ouvrage ne peut être reproduite, stockée dans un système d'extraction de données ou transmise sous quelque forme que ce soit ou par quelque moyen que ce soit (électronique, mécanique, photocopie, enregistrement ou autre) sans l'autorisation écrite du conseil d'administration du CIO, du Musée Olympique et de D Giles Limited.

Pour le Comité International Olympique :
Contenu dirigé et révisé par la Fondation olympique pour la culture et le patrimoine

Pour D Giles Limited :
Relecture et révision par Sarah Kane
Élaboré par Alfonso Iacurci
Produit par GILES, édité chez
D Giles Limited
Imprimé et relié en Slovénie

Couverture :
John Huet
Surf des neiges, big air hommes – entraînement, Redmond Gerard (USA).

Quatrième de couverture :
Jason Evans
Cérémonie d'ouverture – défilé des athlètes, les porte-drapeaux de la délégation de la Corée unie, Chung Gum Hwang et Yunjong Won.

Frontispice :
John Huet
Ski de fond, 30km skiathlon hommes – Martin Johnsrud Sundby (Norvège) 2e.

INTRODUCTION	7	**INTRODUCTION**
PHOTOGRAPHS	11	**LES PHOTOS**
BEHIND THE SCENES	12	DANS LES COULISSES
COUNTDOWN	28	AVANT L'HEURE H
FREEZE-FRAME	44	ARRÊT SUR IMAGE
ACTION	62	EN PLEINE ACTION
PHOTOGRAPHERS	84	**LES PHOTOGRAPHES**
PHOTO CREDITS	88	**CRÉDITS DES PHOTOS**

Introduction

The XXIII Olympic Winter Games were held in PyeongChang in South Korea. The sporting achievements did not disappoint, and were crystallised by the polar chill that descended on this edition of the Games.

A bleak international climate, the migrant crisis on the front pages, political tensions, not to mention threats from North Korea. The PyeongChang Games took place despite all of these.

Two weeks of competitions staged in an atmosphere of peace, an Opening Ceremony that saw the two Koreas march behind the same flag, a North-South women's ice hockey team… The Olympic ideal is there to show that such things are possible. A little hope in a world under pressure.

Here, photographers David Burnett, Jason Evans, John Huet and Mine Kasapoglu Puhrer share their vision of these Games. In the troubled international context, their pictures take on a special meaning. An oxygen bubble? A separate world? Out of touch? One might leave it at that. But to do so would miss something more profound, more intense.

Les XXIIIe Jeux Olympiques d'hiver se sont déroulés à PyeongChang en Corée du Sud. Les exploits sportifs furent au rendez-vous, cristallisés par le froid polaire qui s'est abattu sur cette édition des Jeux.

Un climat mondial morose, la crise des migrants à la une, les tensions politiques et… les menaces de la Corée du Nord. Les Jeux de PyeongChang ont eu lieu malgré tout.

Deux semaines de compétitions dans une atmosphère sereine, une cérémonie d'ouverture qui voit défiler les deux Corées sous un même drapeau, une équipe de hockey féminine Nord-Sud… L'idéal olympique est là pour démontrer que c'est possible. Un peu d'espoir dans un monde sous pression.

Les photographes David Burnett, Jason Evans, John Huet et Mine Kasapoglu Puhrer partagent ici leur vision de ces Jeux. Dans le contexte tourmenté de la planète, leurs images prennent une signification particulière. Une bulle d'oxygène ? un monde à part ? déconnecté ? On pourrait en rester là. Ce serait passer à côté de quelque chose de plus profond, de plus intense.

This work is a collection of instants, moments in time that illustrate the quests of men and women, a search for oneself, facing up to difficulties and surpassing one's limits… so many metaphors for the human need to move forward and overcome the impossible… So many situations that take on a special meaning when we place these Games in their historical context.

The images of our photographers are therefore all the more meaningful, and express a real and joyful energy.

Le présent ouvrage est un recueil d'instants, de moments suspendus qui illustrent la quête d'hommes et de femmes, une recherche de soi, une confrontation à la difficulté, à ses limites… autant de métaphores d'une nécessité humaine d'aller de l'avant, de surpasser l'impossible… Autant de situations qui prennent une signification particulière quand on replace ces Jeux dans le contexte ambient.

Les images de nos photographes n'en sont que plus fortes et vibrent d'une énergie concrète et joyeuse.

Photographs
Les Photos

Behind the Scenes

David Burnett
Venues maintenance – volunteers.   Entretien des sites – des volontaires.

Dans les coulisses

DAVID BURNETT

"I took this picture from the little cable car that goes up the side of the ski jumping hill. I saw that there was a group of volunteers redoing the logo on the hill near the bottom of the ski jump. They were putting in flowers and other things. It was all done by hand. These things all look like they just get dropped there, but there's actually a bunch of people – in this case a bunch of volunteers – who take care of it and make sure that the logo is readable. It was very simple, but really sweet to see."

"J'ai pris cette photo depuis la petite télécabine qui monte sur le côté de la piste de saut à ski. J'ai vu qu'il y avait un groupe de volontaires qui redessinaient le logo sur la pente en bas de la piste. Ils plaçaient des fleurs et autres choses. Tout était fait à la main. On a l'impression que ces choses se plantent là toutes seules mais en fait il y a un tas de gens, en l'occurrence une équipe de volontaires, qui s'en occupe et s'assure que le logo reste lisible. C'était très simple, mais vraiment chouette à voir."

14 BEHIND THE SCENES

Jason Evans

Speed skating, women's 1000m – Arisa Go (Japan) before the competition.

Patinage de vitesse, 1000m femmes – Arisa Go (Japon) avant la compétition.

JASON EVANS

"At the speed skating venue there was a warm-up gym. It was an actual workout room with bikes and some free weights. She was there with her headphones in, trying to find a quiet spot where she could sit and listen to music. I started to take pictures of her until I could catch her eye. She looked right at me. You have those moments of connection, where an athlete will look at you and engage you for a second. It's almost like an implied permission; you don't feel like you're trying to sneak something any more."

"Sur le site du patinage de vitesse, il y avait une salle de gym pour s'échauffer. C'était une vraie salle de sport avec des vélos, des poids, des haltères. Elle était là avec ses écouteurs dans les oreilles, essayant de trouver un endroit calme où écouter de la musique. J'ai commencé à prendre des photos jusqu'à ce que j'attire son attention. Elle m'a regardé droit dans les yeux. Ce sont ces moments d'union comme on en rencontre parfois, lorsqu'un athlète vous regarde l'espace d'une seconde. C'est une sorte de permission implicite ; on n'a pas l'impression de voler quelque chose."

Jason Evans
Figure skating – training, Adam Rippon (USA).

Patinage artistique – entraînement, Adam Rippon (USA).

Jason Evans
Curling – training, EunJung Kim (Republic of Korea).

Curling – entraînement, EunJung Kim (République de Corée).

DANS LES COULISSES

Jason Evans

Men's speed skating – training, Tao Yang (China) with his coach.

Patinage de vitesse hommes – entraînement, Tao Yang (Chine) avec son entraîneur.

John Huet

Bobsleigh, women's two-man – training, Seun Adigun (Nigeria).

Bobsleigh, bob à deux femmes – entraînement, Seun Adigun (Nigéria).

John Huet

Women's ski jumping – training, Kaori Iwabushi (Japan).

Saut à ski femmes – entraînement, Kaori Iwabushi (Japon).

Jason Evans

Snowboard, women's slopestyle – training, Jessika Jenson (USA), Julia Marino (USA), Laurie Blouin (Canada), staff, Hailey Langland (USA) and Klaudia Medlova (Slovakia) on a ski lift.

Surf des neiges, slopestyle femmes – entraînement, Jessika Jenson (USA), Julia Marino (USA), Laurie Blouin (Canada), staff, Hailey Langland (USA) et Klaudia Medlova (Slovaquie) sur un télésiège.

DANS LES COULISSES

Mine Kasapoglu Puhrer

Ski jumping, men's large hill (HS 140) individual – Johann Andre Forfang (Norway).

Saut à ski, grand tremplin (HS 140) individuel hommes – Johann Andre Forfang (Norvège).

MINE KASAPOGLU PUHRER

"I like this photo because I wonder what other people will think when they look at it. As I am the one who took it, I know exactly what he was doing, but do you? I like it when things are unfinished! I also love the colours, those pinks and blues. I decided to accentuate them to feel the passion and the emotion of the athlete.

When I am photographing athletes, I don't want them to notice me and pose, I want them to just keep on doing exactly what they are doing. I try to be invisible and leave them in their own bubble. This is quite easy during competitions as athletes are completely focused on their performance. So, most probably he didn't know and won't remember that I was there taking his picture."

"J'aime cette photo car je me demande ce que les autres penseront en la regardant. Comme je suis celle qui l'a prise, je sais exactement ce qu'il faisait, mais vous, le savez-vous ? J'aime bien quand les choses sont inachevées ! J'aime aussi les couleurs, ces roses et bleus. J'ai décidé de les accentuer pour rendre la passion et l'émotion de l'athlète.

Lorsque je photographie les athlètes, je ne veux pas qu'ils me remarquent et prennent la pose, je veux juste qu'ils continuent à faire exactement ce qu'ils sont en train de faire. J'essaie d'être invisible et de les laisser dans leur bulle. C'est assez facile pendant les compétitions car les athlètes sont totalement concentrés sur leur performance. Donc, il est fort probable qu'il ne savait pas et qu'il ne se souviendra pas que j'étais là pour le photographier."

Mine Kasapoglu Puhrer

Freestyle skiing, men's moguls – training, Matt Graham (Australia) 3rd.

Ski acrobatique, bosses hommes – entraînement, Matt Graham (Australie) 3e.

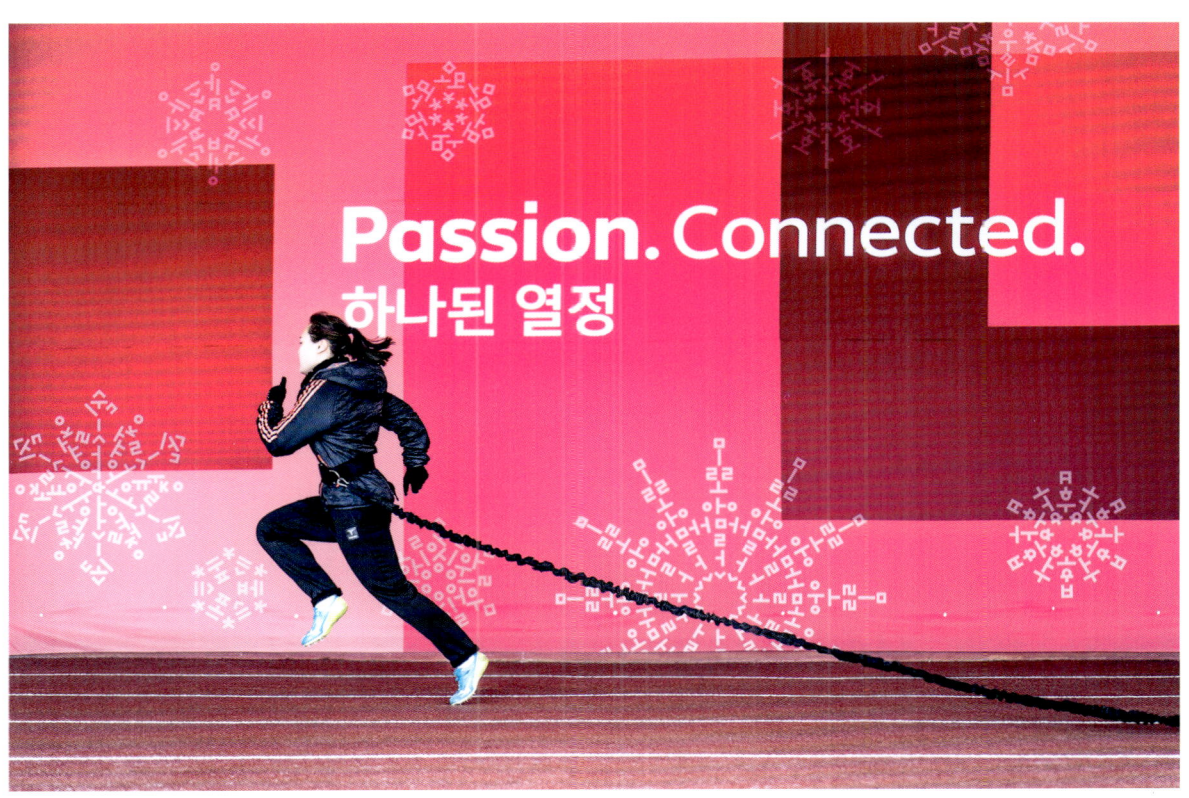

Mine Kasapoglu Puhrer

Skeleton, women's individual – training, Sophia Jeong (Republic of Korea).

Skeleton, individuel femmes – entraînement, Sophia Jeong (République de Corée).

Countdown

John Huet
Snowboard, men's big air – training, Redmond Gerard (USA).

Surf des neiges, big air hommes – entraînement, Redmond Gerard (USA).

Avant l'heure H

John Huet

Skeleton, men's individual – training, Ander Mirambell (Spain) before the start.

Skeleton, individuel hommes – entraînement, Ander Mirambell (Espagne) avant le départ.

David Burnett

Skeleton, women's individual – training, Kimberley Bos (The Netherlands).

Skeleton, individuel femmes – entraînement, Kimberley Bos (Pays-Bas).

John Huet

Luge, women's singles – Eliza Cauce (Latvia) gets ready.

Luge, simple femmes – Eliza Cauce (Léttonie) se prépare.

AVANT L'HEURE H

David Burnett

Ski jumping, men's large hill (HS 140) individual – training, Alex Insam (Italy).

Saut à ski, grand tremplin (HS 140) individuel hommes – entraînement, Alex Insam (Italie).

DAVID BURNETT

"I don't know if there is anybody more focused on what they are doing than ski jumpers, because they have no room for error, everything must go right. And so, anything that gives you a sense of the anticipation, combined with a little bit of worry and the gusto that the sportsmen bring to this, gets my attention. I love looking at the faces of the athletes. Up there, in the midst of them, I could feel the intensity, and I loved the challenge of trying to translate that into a picture.

The giant dome constructed on the ski jump tower in PyeongChang really made us feel that we were on a space station or something otherworldly, and I wanted to incorporate that into the pictures. And the ski jumpers, with their helmets, visors and full-length outfits also almost look like they could have just hopped out of a flying saucer."

"Je ne sais pas s'il y a plus concentrés sur ce qu'ils font que les sauteurs à ski, car ils n'ont pas le droit à l'erreur, tout doit être parfait. Et forcément, tout ce qui donne cette idée de l'attente associée à un petit peu d'inquiétude et à l'enthousiasme qu'y mettent les sportifs, attire mon attention. J'adore observer les visages des athlètes. Là-haut, au milieu des sauteurs, je pouvais ressentir l'intensité du moment, et j'ai adoré relever le défi de traduire cela en image.

Le dôme géant construit sur la tour de saut à ski à PyeongChang nous donnait vraiment l'impression d'être dans une station spatiale ou quelque chose du style et je voulais intégrer cela dans les photos. Et les sauteurs à ski, avec leurs casques, viseurs et tenues longues, semblaient presque comme tout droit sortis d'une soucoupe volante."

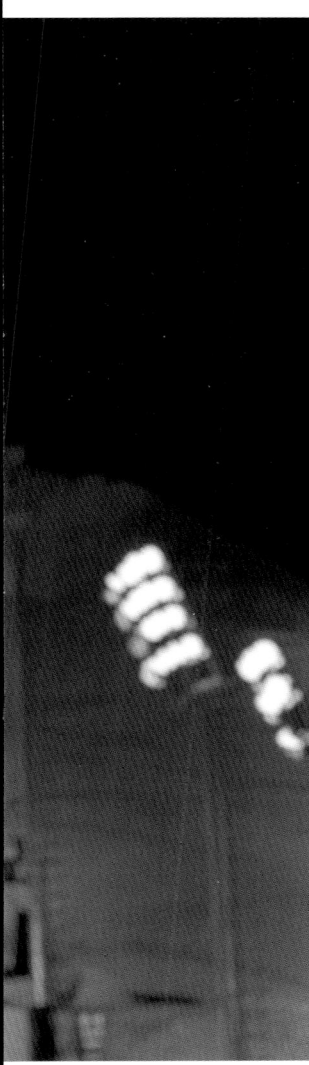

Jason Evans
Freestyle skiing, moguls – training.   Ski acrobatique, bosses – entraînement.

Mine Kasapoglu Puhrer
Snowboard, men's half-pipe – training, Shaun White (USA).

Surf des neiges, half-pipe hommes – entraînement, Shaun White (USA).

MINE KASAPOGLU PUHRER

"It was super cold, the day of the Opening Ceremony. There were not many people left – I was one of the last photographers up there. Shaun White was training. I shot his run and then he came back up and stopped right in front of me, to work on visualising his run. He was doing this thing with his hands, I had never seen anyone do that.

    I used to be a snowboarder – not half-pipe. But I really admire Shaun – he pushes the sport. When he was finished, I called out to him and said: "I'm rooting for you, Shaun!" He gave me a big smile and said: "I appreciate that," and then we gave each other a high five. Two days later he won the gold medal. I love comeback stories. For me, this was a great way to start the Games."

"Il faisait super froid le jour de la cérémonie d'ouverture. Il n'y avait plus beaucoup de monde en haut et j'étais parmi les derniers photographes à me trouver encore là. Shaun White s'entraînait. J'ai photographié son essai et puis il est remonté et s'est arrêté juste en face de moi, pour travailler sur la visualisation de sa prestation. Il faisait ce geste avec les mains, je n'avais jamais vu quelqu'un le faire.

    J'ai pratiqué autrefois le snowboard – pas le half-pipe. Mais j'admire réellement Shaun : il donne de la grandeur à son sport. Lorsqu'il a terminé, je l'ai interpelé et lui ai dit « Je suis à fond avec toi, Shaun ! ». Il m'a adressé un grand sourire et m'a répondu : « j'apprécie vraiment », et puis on s'est tapé dans la main. Deux jours plus tard, il a remporté la médaille d'or. J'adore les histoires comme ça, de retour à la performance. Pour moi, c'était une superbe manière de démarrer ces Jeux."

Mine Kasapoglu Puhrer

Speed skating, women's 5000m – Misaki Oshigiri (Japan).

Patinage de vitesse, 5000m femmes – Misaki Oshigiri (Japon).

MINE KASAPOGLU PUHRER

"This was right before her race. I noticed her, she was all warmed up, ready to go. She had such amazing concentration on her face, so I followed her for a while until she sat right there. As soon as I shot this picture, I knew it was special. It's not easy to capture such moments, have the perfect background, be close enough. It all happens in a second, you can't tell them to do it again. When you have been following these athletes for a few minutes and finally you get that moment that you hoped for, you are so happy and want to share it with everybody."

"C'était juste avant sa course. Je l'ai remarquée, elle était bien échauffée, prête à s'élancer. Son visage était marqué par une concentration extraordinaire, alors je l'ai suivie pendant un moment jusqu'à ce qu'elle s'assoie là. Dès que j'ai pris cette photo, je savais qu'elle était spéciale. Ce n'est pas facile de capturer de tels moments, d'avoir le bon décor en arrière-plan, d'être suffisamment proche. Tout cela arrive en une seconde, vous ne pouvez pas leur dire de le refaire. Lorsque vous avez suivi ces athlètes pendant quelques minutes et que finalement vous obtenez le moment que vous souhaitiez, vous êtes tellement content que vous voulez partager cet instant avec tout le monde."

Mine Kasapoglu Puhrer

Bobsleigh, men's two-man – Christopher Spring and Lascelles Brown (Canada).

Bobsleigh, bob à deux hommes – Christopher Spring et Lascelles Brown (Canada).

Jason Evans

Bobsleigh, men's four-man – 3rd run, Oskars Melbardis, Daumants Dreiskens, Arvis Vilkaste and Janis Strenga (Latvia) before the start.

Bobsleigh, bob à quatre hommes – 3e manche. Oskars Melbardis, Daumants Dreiskens, Arvis Vilkaste et Janis Strenga (Léttonie) avant le départ.

Freeze-frame

Jason Evans

Bobsleigh, men's four-man – 4th run, Nico Walther, Kevin Kuske, Alexander Roediger and Eric Franke (Germany) 2nd at the finish.

Bobsleigh, bob à quatre hommes – 4e manche, Nico Walther, Kevin Kuske, Alexander Roediger et Eric Franke (Allemagne) 2e après l'arrivée.

Arrêt sur image

JASON EVANS

"At the finish line there was a screen set up so that the current leading team could watch the following teams race. Seeing these daring athletes bite their nails and seemingly lose composure, screaming and yelling alongside their coaches as they watch on another TV, was riveting. The contrast between how these guys were on the track – focussed and extremely composed – and how they were now – overcome by suspense – was really amazing!"

"À l'arrivée, il y avait un écran qui permettait à l'équipe qui menait de suivre le reste de la course. Voir ces athlètes intrépides se ronger les ongles et sembler perdre tous leurs moyens, aux côtés de leurs entraîneurs qui criaient et s'égosillaient en regardant un autre écran, était fascinant. Le contraste entre leur comportement sur la piste – concentrés et super calmes – et à ce moment précis – dévorés par l'incertitude – était tout simplement saisissant!"

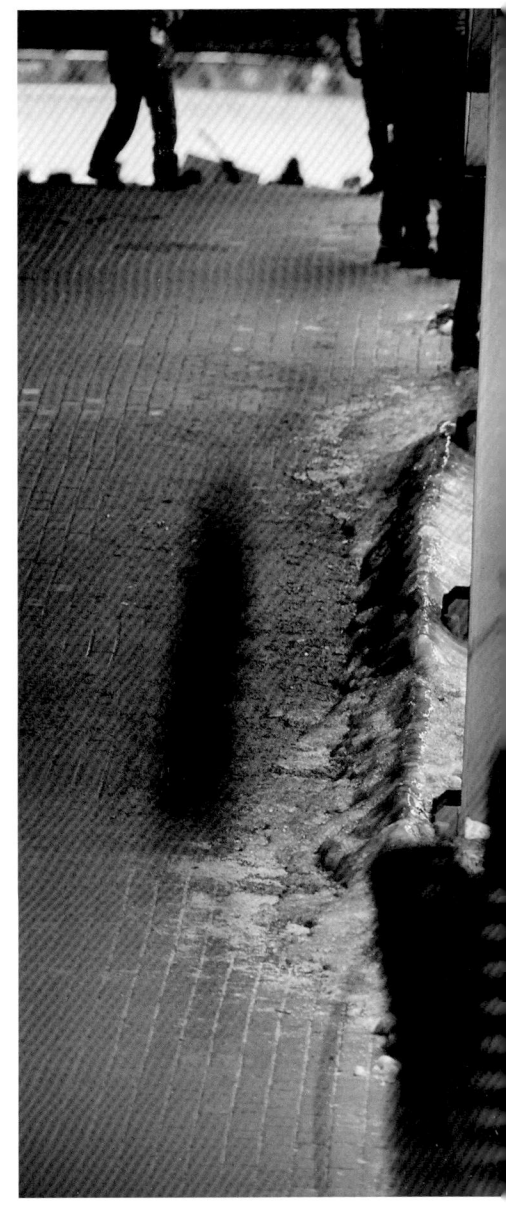

John Huet

Luge, mixed doubles – Jung Myung Cho and Jinyong Park (Republic of Korea).

Luge, double mixte – Jung Myung Cho et Jinyong Park (République de Corée).

John Huet

Cross-country skiing, 30km men's skiathlon – Martin Johnsrud Sundby (Norway) 2nd.

Ski de fond, 30km skiathlon hommes – Martin Johnsrud Sundby (Norvège) 2e.

JOHN HUET

"Cross-country skiing is one of the few sports where the coaches are out on the field of play. I have always noticed this, and in PyeongChang I decided to try and capture it, because the coaches become incredibly animated: they are yelling and screaming at their athletes, running beside them, even up on a hill, giving them instructions and encouragement. This was a fairly long race, like a marathon; the coaches had to keep the skiers hydrated, which is why they can also be seen handing out drinks."

"Le ski de fond est l'un des rares sports où les entraîneurs se tiennent dehors sur l'aire de compétition. J'ai toujours remarqué cela, et à PyeongChang j'ai décidé d'essayer de le montrer car les entraîneurs s'agitent de manière incroyable : ils hurlent et crient après leurs athlètes, courent à côté d'eux, même sur une montée, pour leur donner instructions et encouragements. C'était une course assez longue, comme un marathon ; les entraîneurs veillaient à ce que les skieurs soient bien hydratés, et c'est pourquoi on les voit aussi en train de donner des boissons."

David Burnett
Figure skating, team – pairs' free programme, Valentina Marchei and Ondrej Hotarek (Italy).

Patinage artistique, par équipe – programme libre couples, Valentina Marchei et Ondrej Hotarek (Italie).

Jason Evans

Figure skating – a young volunteer.

Patinage artistique – une jeune volontaire.

Jason Evans

Snowboard, men's half-pipe – final, Shaun White (USA) 1st.

Surf des neiges, half-pipe hommes – finale, Shaun White (USA) 1e.

JASON EVANS

"This is Shaun White after he's just put down an amazing, flawless run. He's most likely realised he's won gold and overcome the enormous pressure on him to perform well. What I love about this photo is that you understand the emotion without seeing the face. I also really like the simplicity of the image. It's almost all white, with a touch of the colours from PyeongChang and the strength and power of the body language that convey the emotion."

"C'est Shaun White. Il vient juste de réaliser une manche époustouflante, sans la moindre erreur. Il a probablement compris qu'il a remporté l'or et réussi à gérer l'énorme pression qui pesait sur ses épaules. Ce que j'aime dans cette photo, c'est que l'on ressent l'émotion sans voir le visage. J'aime aussi beaucoup sa simplicité. Il n'y a quasiment que du blanc, avec quelques touches de couleur de PyeongChang, sans oublier la force et la puissance du langage corporel qui transmettent l'émotion."

John Huet

Bobsleigh, women's two-man – 4th run, Seun Adigun, Ngozi Onwumere and Akuoma Omeoga (Nigeria).

Bobsleigh, bob à deux femmes – 4e manche, Seun Adigun, Ngozi Onwumere et Akuoma Omeoga (Nigéria).

JOHN HUET

"This sort of hug is what we usually see when a team wins the gold medal. I believe Nigeria came in last, but still you could see that it was a moment of great joy. These women trained, qualified and attended the Olympics for their country. They had just completed something that no other woman in Nigeria had ever done. They had accomplished a goal for which they would be proud for the rest of their lives. This photo captures what I think the Olympics are about: competing and doing your best, doing something that you or somebody else may never have done before, but also being an inspiration to people who might come up behind you."

"On peut habituellement voir cette sorte d'accolade lorsqu'une équipe remporte la médaille d'or. Je crois que l'équipe du Nigéria est arrivée dernière, et pourtant vous pouvez voir là un moment de grande joie. Ces femmes se sont entraînées, se sont qualifiées et ont participé aux Jeux Olympiques pour leur pays. Elles ont tout simplement réalisé quelque chose qu'aucune autre femme au Nigéria n'a jamais fait. Elles ont atteint un objectif dont elles seront fières pour le restant de leur vie. Cette photo saisit ce que sont vraiment les Jeux Olympiques : il s'agit d'y concourir, d'y livrer le meilleur de soi-même, de faire quelque chose que vous ou quelqu'un d'autre n'a peut-être jamais fait auparavant, mais aussi d'être une source d'inspiration pour ceux qui pourraient suivre votre trace."

FREEZE-FRAME

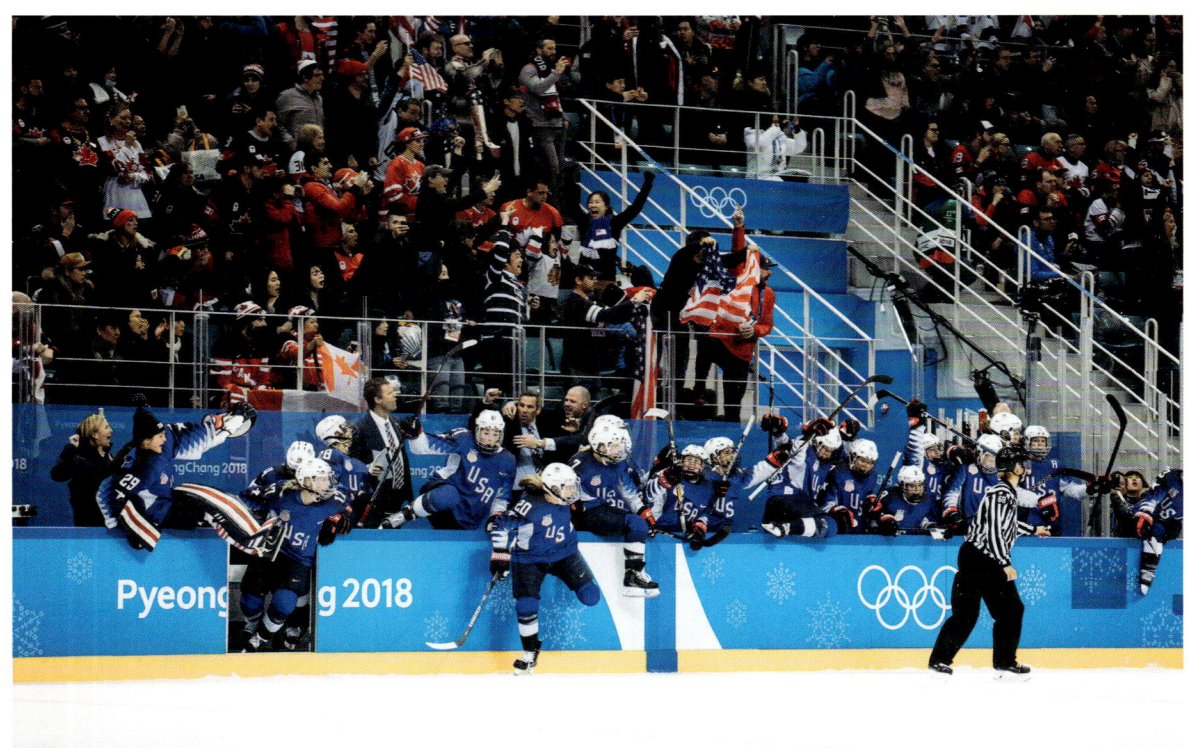

Jason Evans

Women's ice hockey – final, United States of America 1st – Canada 2nd.

Hockey sur glace femmes – finale, États-Unis d'Amérique 1e – Canada 2e.

JASON EVANS

"This is the moment when the USA won the women's ice hockey tournament, for the first time in 20 years. The match had gone to overtime and then to a penalty shootout. The USA goalie had just blocked the shot… Everybody went nuts and jumped over the wall.

I knew something was going to happen, so I found a good angle and waited. I wanted to get the spectators in the picture to show their reaction too, as it adds to the story. Very often, you only focus on the athletes, details or singular things. With this one, I thought it was better to show more, just to get a range of all the emotions and feelings in the arena."

"C'est le moment où les États-Unis ont remporté le tournoi de hockey sur glace féminin, et ce pour la première fois en 20 ans. La rencontre avait été jusqu'aux prolongations, suivies d'une séance de tirs au but. La gardienne de l'équipe américaine venait d'arrêter le tir… toutes les joueuses sont devenues folles et ont sauté par-dessus la balustrade.

Je savais que quelque chose allait se passer, alors j'ai trouvé le bon angle et j'ai attendu. Je voulais avoir les spectateurs sur mon cliché pour montrer leur réaction également, afin d'apporter quelque chose de plus au récit. Bien souvent, on se concentre uniquement sur les athlètes ou encore sur des détails ou des aspects insolites. Avec cette photo, j'ai pensé qu'il était préférable d'en montrer davantage pour mieux saisir toute la gamme des émotions ressenties dans la patinoire."

Mine Kasapoglu Puhrer

Women's ice hockey – qualifications, Japan – Korea. Do-Hee Han (Republic of Korea).

Hockey sur glace femmes – qualification, Japon – République de Corée. Do-Hee Han (République de Corée).

MINE KASAPOGLU PUHRER

"I was very excited to go to the hockey game. The arena was packed, and to me the atmosphere surrounding this game was one of the most magical of the whole Olympics, because I really saw how sport can change the world. Everybody says that South and North Koreans are at loggerheads, that there is animosity between them and that they have different positions on everything. But here they were, all together, supporting the same team, chanting together, and there was not a single ounce of bad energy in the whole stadium. It was amazing, and very moving."

"J'étais très impatiente d'aller au match de hockey. Le stade était bondé et pour moi, l'atmosphère qui régnait faisait de ce lieu le plus magique de tous les Jeux Olympiques, car j'ai vraiment vu comment le sport peut changer le monde. Tout le monde dit que les Coréens du Nord et les Coréens du Sud sont à couteaux tirés, qu'il y a de l'animosité entre eux et qu'ils ne sont d'accord sur rien. Mais là ils étaient tous ensemble à soutenir la même équipe, à chanter ensemble, et il n'y avait pas une once de mauvaise énergie dans tout le stade. C'était étonnant et très émouvant."

ARRÊT SUR IMAGE   61

Mine Kasapoglu Puhrer

Luge, mixed team relay – mascot presentation. The members of the team from Canada, 2nd, celebrate their victory.

Luge, relais par équipe mixte – remise des mascottes. Les membres de l'équipe du Canada, 2e, célèbrent leur victoire.

Action

David Burnett
Skeleton, men's individual – 3rd run, Barrett Martineau (Canada).

Skeleton, individuel hommes – 3e manche, Barrett Martineau (Canada).

En pleine action

DAVID BURNETT

"In PyeongChang I used a new camera that shoots 20 frames a second, and soon realised that I captured things that I had never been able to see with other cameras. This was the first time that I saw that, for one little moment, just after the skeleton racers have started running, they are actually flying in the air. They've kicked out so their feet are off the ground and their hands are ready to grab… but they are absolutely floating."

"À PyeongChang, j'ai utilisé un nouvel appareil qui prend vingt images par seconde, et je me suis rapidement rendu compte que j'arrivais à prendre des choses que je n'ai jamais pu voir avec d'autres appareils. C'était la première fois que je voyais que, pendant une fraction de seconde, juste après que les skeletoneurs commencent à courir, ils volent réellement dans les airs. Ils font un bond, leurs pieds se lèvent tandis que leurs mains sont prêtes à saisir la planche … mais ils flottent littéralement."

David Burnett

Speed skating, men's 5000m – Seung-Hoon Lee (Republic of Korea).

Patinage de vitesse, 5000m hommes – Seung-Hoon Lee (République de Corée).

DAVID BURNETT

"This photo was shot with a 500-millimetre lens that was made in 1964. I love that camera because things that are sharp look very sharp, and things that are out of focus look very out of focus. The big speed skating oval is perfect for it because you can have these long 120-metre shots down the straight-away.

I focused my camera where I knew the athletes were going to skate, and I would shoot when they were passing through that little zone, which was only a few centimetres thick. I love that view from the back on the straight-away, because that's when speed skaters really get a few seconds to crank up their speed, and they do it with their arms flying. The image that I was trying to capture was in my mind when I set up my camera there. I just had to hope that it would all come together, and this time it did."

"Cette photo a été prise avec un objectif de 500 mm fabriqué en 1964. J'adore cet appareil car les choses qui sont nettes sont très nettes et les choses qui sont floues paraissent très floues. Le grand anneau de vitesse est parfait pour cela car vous pouvez avoir ces prises de vue sur les 120 m de la longueur.

J'ai dirigé mon objectif là où je savais que les athlètes allaient patiner, et j'allais déclencher au moment où ils passeraient dans cette petite zone qui n'était large que de quelques centimètres. J'aime cette vue de derrière sur la longueur car c'est là que les patineurs de vitesse n'ont réellement que quelques secondes pour augmenter leur vitesse et ils le font en balançant les bras. J'avais dans la tête l'image que j'essayais de saisir en plaçant mon objectif à cet endroit. J'espérais juste que cela allait marcher et, cette fois, ce fut le cas."

David Burnett

Short track speed skating, men's 5000m relay – qualification, Csaba Burjan (Hungary) 1st and Daeheon Hwang (Republic of Korea) in the foreground.

Patinage de vitesse sur piste courte, relais 5000m hommes – qualifications, Csaba Burjan (Hongrie) 1e et Daeheon Hwang (République de Corée) au premier plan.

David Burnett

Short track speed skating – a race. Patinage de vitesse sur piste courte – une course.

ACTION

David Burnett

Ski jumping, large hill (HS 140) – a ski jumper.

Saut à ski, grand tremplin (HS 140) – un sauteur à ski.

Jason Evans

Ski jumping, men's large hill (HS 140) team – Daniel Andre Tande (Norway).

Saut à ski, grand tremplin (HS 140) par équipe hommes – Daniel Andre Tande (Norvège).

Jason Evans

Snowboard, men's slopestyle
– final, the track and
a snowboarder.

Surf des neiges, slopestyle
hommes – finale, la piste et
un snowboarder.

John Huet

Biathlon, 4x7.5km men's relay – Tarjei Boe (Norway) 2nd.

Biathlon, relais 4x7,5km hommes – Tarjei Boe (Norvège) 2e.

JOHN HUET

"I thought it would be interesting to catch the person firing, with the shell casing as it comes right out of the rifle. To do it, I had to anticipate when the athlete would be shooting. I only had five shots to figure out his own rhythm and try to match it. It's really a question of timing. I think this was the third shot out of the series. The shot is full frame, there is no crop in there – that's how I composed it. I was lucky that this guy was not wearing an eye cup like many other athletes, so I could see his eye."

"J'ai pensé qu'il serait intéressant de prendre la personne en train de tirer, au moment même où la douille sort de la carabine. Pour cela, je devais anticiper le moment où l'athlète allait tirer. Je n'avais que cinq tirs à ma disposition pour connaître son rythme et tenter de le reproduire. C'est vraiment une question de synchronisation. Je pense qu'il s'agit là du troisième tir de la série. Il n'y a pas de recadrage dans cette photo : c'est comme ça que je l'ai prise. J'ai eu de la chance que ce gars ne portait pas d'œillère comme beaucoup d'autres athlètes : j'ai ainsi pu voir son œil."

74 ACTION

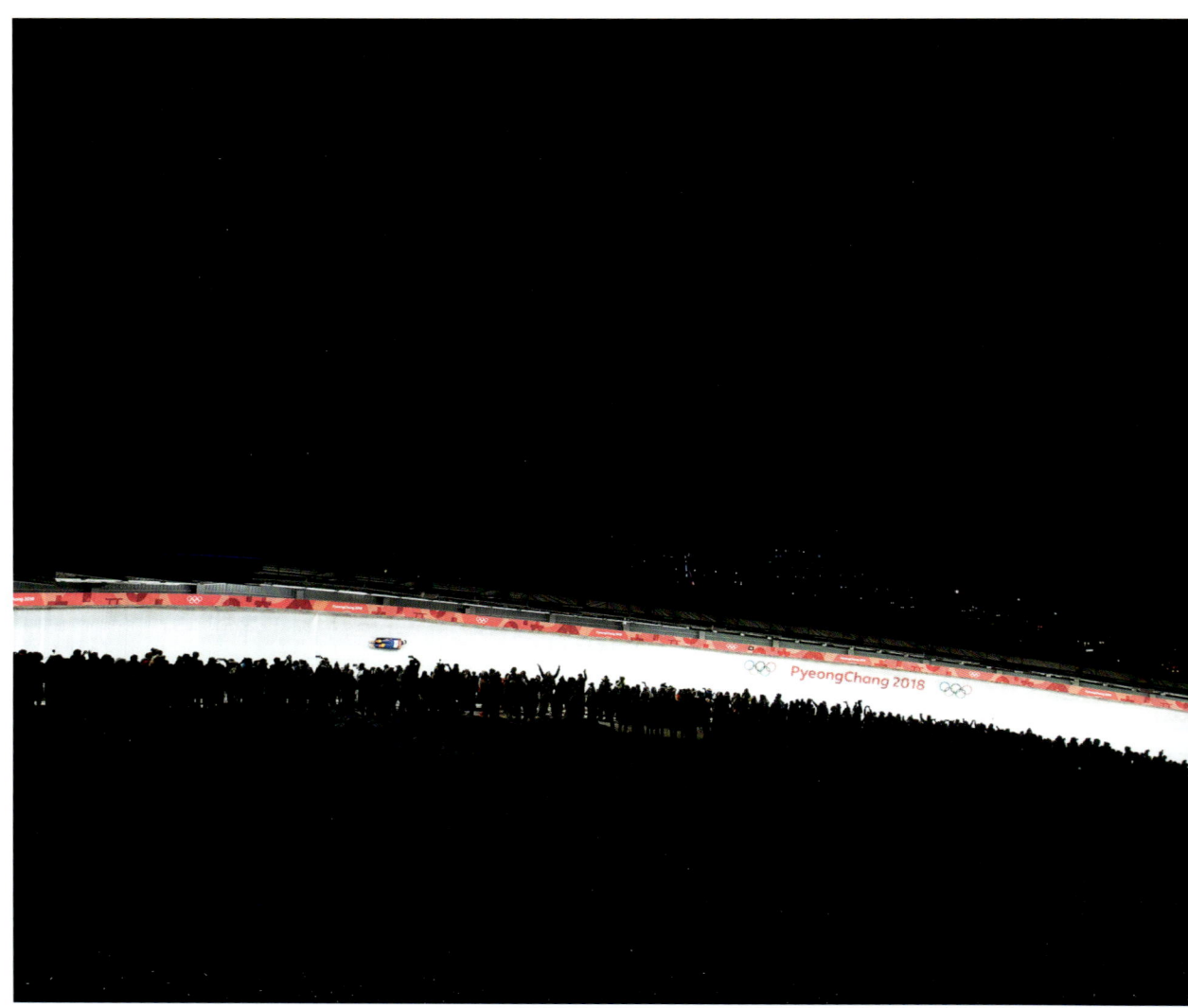

EN PLEINE ACTION

Jason Evans

Skeleton, women's individual – the track.

Skeleton, individuel femmes – la piste.

John Huet

Cross-country skiing, 30km men's skiathlon – Livo Niskanen (Finland) leading, followed by Dario Cologna (Switzerland).

Ski de fond, 30km skiathlon hommes – Livo Niskanen (Finlande) en tête, suivi par Dario Cologna (Suisse).

John Huet

Figure skating, men's individual – free programme, Yuzuru Hanyu (Japan) 1st.

Patinage artistique. individuel hommes – programme libre, Yuzuru Hanyu (Japon) 1e.

John Huet

Snowboard, women's slopestyle – final, a section of the track.

Surf des neiges, slopestyle femmes – finale, une partie de la piste.

Jason Evans

Opening Ceremony – parade of athletes, the flag-bearers of the united Korea delegation, Chung Gum Hwang and Yunjong Won.

Cérémonie d'ouverture – défilé des athlètes, les porte-drapeaux de la délégation de la Corée unie, Chung Gum Hwang et Yunjong Won.

Mine Kasapoglu Puhrer
Alpine skiing, men's super-G
– Kjetil Jansrud (Norway) 3rd.

Ski alpin, super-G hommes
– Kjetil Jansrud (Norvège) 3e.

MINE KASAPOGLU PUHRER

"Photographing Alpine skiing is harder than any other sport at the Olympics. First, you have to prove that you are a good skier to even be allowed to receive the bib to get on course. And once you get it, you have to be up there hours before competition to scout. Just as athletes do, you check the gates before the race. You are up there, waiting, in the cold, with your carabiners to hook things like bags and other stuff.

And then the race starts, the skiers come and go extremely fast. You feel like a hunter, trying to catch that one moment, that action. Experience is key. In super-G and downhill you cannot get very close to the athletes as it's too dangerous, so you need a top-level technical camera with a very long lens, and you need to be speedy and able to focus fast. I have a lot of respect for those who do this all year. In PyeongChang I realised that I was the only female photographer out there."

"Il est plus difficile de photographier le ski alpin que n'importe quel autre sport aux Jeux Olympiques. Tout d'abord, vous devez prouver que vous êtes un bon skieur pour obtenir le dossard qui vous permet d'accéder à la piste. Et une fois que vous l'avez, vous devez être là-bas des heures avant la compétition pour aller en reconnaissance. Tout comme le font les athlètes, vous vérifiez les portes avant la course. Vous vous retrouvez là-haut, à attendre, dans le froid, avec vos mousquetons pour y attacher des choses telles que vos sacs ou autres affaires.

Et puis la course commence, les skieurs arrivent et se lancent extrêmement vite. Vous vous sentez comme dans la peau d'un chasseur, à essayer de capturer ce moment précis, cette action particulière. L'expérience est essentielle. En super-G et en descente, vous ne pouvez pas aller très près des athlètes car c'est trop dangereux, alors vous avez besoin d'un appareil de haut niveau technologique avec un très long objectif, et vous devez être capable de faire une mise au point rapidement. J'ai beaucoup de respect pour ceux qui font cela toute l'année. À PyeongChang, j'ai réalisé que j'étais la seule femme photographe là-bas."

Mine Kasapoglu Puhrer

Snowboard, men's slopestyle – training, Kyle Mack (USA).

Surf des neiges, slopestyle hommes – entraînement, Kyle Mack (USA).

David Burnett

David Burnett, an American photographer born in 1946, has covered numerous conflicts for *Time* magazine. In 1976, he created a new structure with Robert Pledge, the Contact Press Images agency. Burnett made a series of reports that took him to almost 80 countries in 40 years. Throughout these years, he snapped many famous people: John Paul II, Kofi Annan, Mohamed Ali, Hillary Clinton, Bill Gates, the Princess of Wales, Fidel Castro and Bob Marley.

Sport also represents a major part of his work. He has photographed every Summer Games since Los Angeles 1984, each time adopting a different style to produce real visual surprises. Although focusing on the great champions, Burnett also concentrates on the "anonymous sporting gesture", which sets him apart from other photographers. With his great technical rigour (according to Raymond Depardon), David Burnett does not shy away from using tools which seem obsolete today: the 4×5 inch Pacemaker Speed Graphic press camera or his Holga 120N with its plastic lens and 6×6 cm film mask form part of his photography kit.

David Burnett, photographe américain né en 1946, a couvert de nombreux conflits pour le magazine *Time*. En 1976, il crée une nouvelle structure avec Robert Pledge, l'agence Contact Press Images. Burnett enchaîne les reportages qui le font parcourir près de 80 pays en l'espace de 40 ans. Durant toutes ces années, il saisit les grands de ce monde : Jean Paul II, Kofi Annan, Mohamed Ali, Hillary Clinton, Bill Gates, Lady Di, Fidel Castro, Bob Marley.

Le sport représente également une grande part de son travail. Il photographie tous les Jeux Olympiques d'été depuis ceux de Los Angeles 1984, adoptant à chaque fois un style différent pour aboutir à de véritables surprises visuelles. Fixant les plus grands champions, David Burnett se concentre aussi sur le « geste sportif anonyme » qui en fait un photographe à part. Doté d'une grande rigueur technique (*dixit* Raymond Depardon), David Burnett ne s'interdit pas l'usage d'outils qui paraissent aujourd'hui obsolètes : la chambre 4×5 Pacemaker Speed Graphic ou son Holga 120N en plastique 6×6 font ainsi partie de son attirail de photographe.

John Huet

Inspired by the human form and intensity of athletic performance, American photographer John Huet began photographing competitive athletes over 25 years ago. Intent on conveying the passion, pride and commitment inherent in all athletes, John has devoted his career to photographing individuals who compete at all levels of sport. Through his photography, he captures the intensity and power of athletes while also revealing their vulnerability.

Since the 2004 Summer Olympic Games in Athens, the International Olympic Committee has selected John for his artistic talent and his great ability to capture the spirit of the Games. In 2008, prior to the Games, he also created a series of images that showcase contemporary life and culture in Beijing.

In addition to his career as a photographer, John is also a successful advertising director, shooting broadcast commercials and delivering seamless campaigns that cross multiple media platforms.

Inspiré par le corps humain et l'intensité de la performance sportive, le photographe américain John Huet a commencé à photographier des athlètes en compétition il y a plus de 25 ans. Afin de transmettre la passion, la fierté et l'engagement inhérents à tous les athlètes, John a consacré sa carrière à photographier des personnes qui concourent à tous les niveaux du sport. Par ses images, il saisit l'intensité et la force de l'athlète tout en révélant la vulnérabilité de celui-ci.

Depuis les Jeux Olympiques d'été de 2004 à Athènes, le Comité International Olympique a sélectionné John comme photographe pour son talent artistique, son expérience et ses nombreuses autres qualités afin de couvrir au mieux l'esprit des Jeux. En 2008, avant les Jeux, John a également créé une série d'images qui montrent la vie et la culture contemporaines à Beijing.

Outre sa carrière de photographe, John est aussi un directeur commercial couronné de succès, avec à son actif des spots télévisés et des campagnes intégrées qui sont diffusées sur de multiples plateformes médias.

Jason Evans

Jason Evans has been photographing the Summer and Winter Olympic Games for the IOC since the 2010 Games in Vancouver. During the years since then, Jason has been drawn to the personal stories and emotions that all athletes bring to the Games. He strives to capture the unexpected moments as well as the heroic displays of athleticism. An athlete in his youth and still an avid sportsman today, Jason also brings to his images an awareness of the game and an athlete's physical challenges.

Jason Evans's work has been recognised by numerous industry awards and honoured in solo exhibitions. His work is part of the permanent collection at the Olympic Museum in Lausanne, Switzerland. In addition to his work for the IOC, Jason shoots still imagery and directs video for a variety of advertising clients and editorial publications around the world.

Jason Evans photographie les Jeux Olympiques d'été et d'hiver pour le CIO depuis l'édition de 2010 à Vancouver. Tout au long de ces années, Jason a été attiré par les histoires personnelles et les émotions qui accompagnent les athlètes aux Jeux. Il s'efforce de saisir ces moments inattendus et ces gestes sportifs héroïques. Athlète dans sa jeunesse, grand amoureux du sport aujourd'hui, Jason met dans ses photos toute sa connaissance du jeu et des efforts physiques qu'un athlète doit fournir.

Le travail de Jason Evans a été récompensé par de nombreux prix de photographie et mis à l'honneur lors d'expositions individuelles. Ses œuvres font partie de la collection permanente du Musée Olympique de Lausanne, Suisse. Outre son travail pour le CIO, Jason prend des photos et tourne des vidéos pour divers annonceurs et publications à travers le monde.

Mine Kasapoglu Puhrer

Mine Kasapoglu Puhrer is a travelling freelance photographer based in Istanbul and Vienna. She has worked for *Vogue Türkiye* for over six years and has been published in *Vogue Brasil* and *Vogue Australia*, as well as the Turkish editions of *Condé Nast Traveller*, *Glamour*, *Marie Claire* and *Elle*, among other publications. She also specialises in photographing Snowboard World Cup races and is a Red Bull Photographer.

Mine was on the Turkish national ski team in 1993–94 and in the Turkish national snowboard team from 2006 to 2010. Having been an athlete herself, she is fascinated by the action and the emotions that take over while competing and training. As she is also extremely passionate about the Olympic Games, living in the moment, creativity, fair play and sportsmanship, she tries to embody these passions through her photography.

Mine has been covering the Olympic Games and the Youth Olympic Games since 2002.

Mine Kasapoglu Puhrer est une voyageuse-photographe indépendante établie à Istanbul et Vienne. Elle travaille depuis plus de six ans pour *Vogue Türkiye* et ses photos sont publiées entre autres dans *Vogue Brasil* et *Vogue Australia*, ainsi que les versions turques de *Condé Nast Traveller*, *Glamour*, *Marie Claire* et *Elle*. Elle est également spécialisée dans la photographie de courses de la Coupe du monde de snowboard et fait partie des photographes Red Bull.

Mine était membre de l'équipe nationale turque de ski en 1993–1994 et de l'équipe nationale turque de snowboard de 2006 à 2010. Ayant été elle-même athlète, elle est fascinée par l'action et les émotions qui vous envahissent pendant la compétition et l'entraînement. Elle est aussi passionnée par les Jeux Olympiques. Elle vit dans le moment présent. Elle essaie d'incarner la créativité, le fair-play et la sportivité à travers la photographie et le snowboard.

Mine couvre les Jeux Olympiques et les Jeux Olympiques de la Jeunesse depuis 2002.

Photo credits

© 2018 / IOC / BURNETT David : pp 2–3, 6, 8, 12, 31, 50, 62, 64, 66, 67, 68–69

© 2018 / IOC / EVANS Jason : back cover, pp 14, 16–17, 18, 19, 22–23, 36–37, 43, 44, 51, 52, 56, 70, 71, 74–75, 79

© 2018 / IOC / HUET John : front cover, pp 10–11, 20, 21, 28–29, 30, 32–33, 46–47, 48, 54, 72, 76, 77, 78

© 2018 / IOC / KASAPOGLU PUHRER Mine : pp 24, 26, 27, 38, 40, 42, 58, 60–61, 80, 82–83

Crédits des photos

© 2018 / CIO / BURNETT David : pp 2–3, 6, 8, 12, 31, 50, 62, 64, 66, 67, 68–69

© 2018 / CIO / EVANS Jason : quatrième de couverture, pp 14, 16–17, 18, 19, 22–23, 36–37, 43, 44, 51, 52, 56, 70, 71, 74–75, 79

© 2018 / CIO / HUET John : couverture, pp 10–11, 20, 21, 28–29, 30, 32–33, 46–47, 48, 54, 72, 76, 77, 78

© 2018 / CIO / KASAPOGLU PUHRER Mine : pp 24, 26, 27, 38, 40, 42, 58, 60–61, 80, 82–83